## 『전쟁일기』를 먼저 읽은 작가들의 추천글

뉴스는 멀리 있다. 진실은 가까이 있다. 뉴스가 전하지 못하는 전쟁의 진실이 이 작은 책에 모두 담겼다. 이것을 '우리'의 이야기로 느끼지 못한다면, 이 모든 문명이 다 무슨 소용이란 말인가? 지금 당장, 전쟁을 멈추어야 한다. 이 당연함을 강렬히 일깨우는 연필의 힘이 경이롭다.
_김하나

어떻게든 전쟁을 일으키는 이들이 있다면, 어떻게든 전쟁을 기록하는 이들이 있다. 어떤 무자비함도 인간을 무너뜨리지 못한다는 사실은 오직 펜만이 입증한다. 『전쟁일기』를 보니 그렇다. 무기는 끊어내지만 펜은 연결한다. 우크라이나에서 긴급 타전된 이 책은 평화의 확성기가 될 것이다. _은유

기록한다. 보살핀다. 서로를 돕는다. 아름다움을 느낀다. 이 책은 전쟁이 쓰러뜨린 평범한 우크라이나 여성의 일상과 그 속에서도 스스로를 일으켜세우는 인간다움이 무엇인지를 보여준다. 이념과 이권이 죽이고 파괴할 때 사람이 사람을 돕는다. 생명이 생명을 살린다. 지금 『전쟁일기』를 읽는 일이야말로 2022년의 세계시민으로서 우리가 할 수 있는 한 가지다. _황선우

# 전쟁일기

**WAR DIARY**
Copyright © Olga Grebennik, 2022
All rights reserved.
Original Korean edition published by Storyseller, an imprint of Munhakdongne
Publishing Group.

이 책의 한국어판 저작권은 올가 그레벤니크와 독점 계약한 이야기장수에 있습
니다. 저작권법에 의해 한국 내에서 보호받는 저작물이므로 무단 전재 및 복제
를 금합니다.

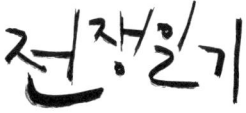

# 전쟁일기

올가 그레벤니크 글·그림 | 정소은 옮김

우크라이나의 눈물

**|일러두기|**

1. 이 책은 우크라이나 전쟁 발발 후 지하 생활을 거쳐 탈출하기까지 올가 그레벤니크 가족이 실제 겪은 상황을 글과 그림으로 기록한 일기이다. 우크라이나에서 현재 출판이 정상적으로 이뤄지지 못하는 상황이기에, 작가의 다이어리 실물 사진을 그대로 받아 한국어로 먼저 출간한다. 지하 생활과 피난 중 안정적으로 컴퓨터 작업을 할 수 없었던 작가는 평소의 정밀하고 화려한 그림톤 대신 거친 연필선만으로 그림을 그릴 수밖에 없었다. 현장성을 보존하기 위해 노트에 기록한 글과 그림을 가필 없이 그대로 담았다.
2. 저자의 모국어는 러시아어이며 이 책은 러시아어로 쓰였다. 러시아어는 우크라이나에서 우크라이나어 다음으로 많이 쓰이는 언어. 저자의 뜻에 따라 지명은 저자의 모국어인 러시아어 발음으로 쓰되, 괄호 안에 우크라이나어 발음을 병기한다.
   예) 하리코프(하르키우)
3. 각주는 모두 옮긴이 주이다.

## 작가의 말

내 나이 서른다섯에 모든 것을 처음부터 시작해야 할 거라 곤 생각지 못했다.

나는 항상 앞으로의 15년에 대한 구체적인 계획을 갖고 살아왔다. 하지만 때론 상황들이 우리보다 강할 때가 있다. 이제 난 그 사실을 알고 있다.

『전쟁일기』를 펼치기 전 먼저 내 소개를 하겠다.

내 이름은 올가 그레벤니크이다.

나는 누구인가?

엄마이자 아내, 딸, 화가, 그리고 작가이다. 또한 나는 내 의지와 상관없이 삶이 완전히 무너진 사람이다.

나에게는 두 아이가 있다. 아홉 살 아들 표도르와 네 살 딸 베라.

그 외 우리 가족은 화가인 남편 세르게이, 엄마, 그리고 개와 고양이다.

전쟁 전 우리 삶은 마치 작은 정원과 같았다. 그 정원에서 자라는 모든 꽃들은 각자의 자리가 있었고, 꽃 피우는 정확한 계절이 있었다. 사랑으로 가득했던 우리 정원은 날이 가면 갈수록 풍성하게 자랐다. 아이들은 음악, 미술, 무용 등 예술을 배웠으며, 남편과 나는 차례대로 아이들을 학원에 데려다주며 뒷받침을 했다.

나는 어린이들을 위한 책 일러스트를 그려왔다. 내가 작업한 그림들은 다양한 색상과 행복으로 가득했다. 내가 작가로서 쓴 동화들 또한 성공적으로 출판되었다. 책의 주인공은 여우 가족이었다―말썽꾸러기 아기 여우, 작고 귀여운 누나 여우, 아빠 여우와 엄마 여우. 나는 여우 가족의 음악 수업과 자전거 산책, 시나몬롤을 함께 먹는 아침식사에 대한 글을 쓰고 그림을 그렸다.

출판사는 다음 이야기를 기다렸다. 그런데 다음 이야기는 『전쟁일기』가 되어버렸다…… 너무 느닷없는 장르 변화이지 않은가?

전쟁 전날 밤을 선명하게 기억한다. 아이들이 잠든 후 남편과 나는 오랜만에 둘이서 오붓하게 대화할 시간을 가졌다. 남편은 수제 햄버거를 만들고 차를 끓여주었다. 늦은 저녁을 먹으며 우리의 미래에 대해 이야기했다. 새로 구입한 아파트 수리를 어떻게 할지에 대한 상상과 함께 아이들이 즐겁게 학원 생활을 해나가는 것에 대한 소소한 이야기를. 우리에게는 천 개의 계획들과 꿈이 있었다. 그렇게 우린 배부르고 행복한 채로 잠이 들었다.

그리고 새벽 5시, 시끄러운 소리 때문에 잠에서 깨어났다. 처음에는 폭죽 소리인 줄 알았는데, 사방에서 폭격하고 있었다. 무슨 일이 일어나고 있는지 완전히 파악하지도 못한 채 나는 미친듯이 서류와 짐을 챙기기 시작했다.

아들 페자◇가 잠에서 깨어났다. 지금 무슨 일이 일어나고 있는지 아이에게 설명해주어야만 했다…… 그다음 딸 베라가 깼다.

◇ 표도르의 애칭.

나는 바로 아이들의 팔에 이름, 생년월일과 연락처를 적어 주었다.

―왜 적는 거야?
베라가 물었다.
―우리, 지금 놀이를 하는 거야.
―무슨 놀이?
―'전쟁'이란 놀이.

날이 밝자 우리는 지하실로 내려갔다. 이미 이웃들이 앉아 있었다. 깜빡거리는 어두운 전등, 숨을 탁하게 만드는 다리 밑 모래, 그리고 낮은 천장. 나는 두려움과 근심을 어떻게라도 떨치기 위해 그림 그릴 노트와 연필을 집에서 챙겨왔다.

그림 그리는 행위는 항상 '감정'과의 싸움에 도움을 주었다. 그렇지만 내 다이어리가 『전쟁일기』가 되리라곤 생각지 못했다. 나는 며칠 후 이 악몽이 끝날 거라고 믿었다.

바깥에서 전투기들이 우리집을 폭격할 때 그림은 나만의 내면세계를 향한 유일한 통로가 되어주었다. 내 모든 두려움을 종이에 쏟아부었다. 잠시나마 조금 괜찮아졌다. 내 일기장은 나에게 지하실에 내려갈 유일한 동기부여가 되었다. 새로운 스케치를 그리기 위해 그곳에 내려갔다.

모든 것이 무너지고 있는 세상 속에서 나는 전쟁에 맞서 살아남기 위해 창작하는 행위를 계속해서 이어왔다. 글과 그림은 내가 온 힘을 다해 붙잡는 지푸라기였다.

우리는 지하실에서 여덟 밤을 보냈다. 조용할 때는 아파트에 올라가서 집안일을 했지만, 폭격 소리가 들리면 곧장 아이들을 대피시킬 준비를 하고 지하실로 뛰쳐내려갔다.

그 기간 우리 아파트의 모습도 많이 변했다. 창문에는 종이테이프를 X자로 붙였다. 이내 모든 유리창과 유리문을 떼어내 구석방 바닥에 쌓아두었다. 복도에는 비상 상황에 대비해 챙겨둔 백팩과 캐리어를 두었다.

전쟁 9일째 되는 날, 도시를 떠나기로 결심했다. 결심했다기보다는 내 손가락이 나도 모르게 택시기사 전화번호를 누르고 있더라.

택시를 잡는 건 정말 어려웠다. 도시에 휘발유가 더이상 남아 있지 않았다. 나는 절대로 떠날 수 없을 거라고 확신했다.

갑자기 전화벨이 울렸다.

―택시 구하세요? 저 바로 근처입니다. 10분 후에 나오세요.

엄마는 상황을 받아들이지 못하고 있었다. 아이들에게 아침식사를 먹이면서 우셨다. 같이 가자고 했지만, 할머니 할아버지와 외삼촌을 남겨두고 갈 수 없어 결국 함께하지 못했다.

나는 아이들을 위해 도망쳤다.

급하게 포옹하고 헤어졌다. 눈물 가득한 엄마의 얼굴을 평생토록 기억할 것이다……
빨리 움직여야만 했다. 우린 강아지와 백팩 하나만 든 채 택시로 향했다.

내가 맞이한 첫 이별이었다.
20분 후 우리 가족 네 사람은 기차역 플랫폼에 도착해 첫 기차에 뛰어들었다.
나중에 알고 보니 리보프(르비우)로 가는 기차였다.

리보프에 도착해서는 내 블로그를 통해 나를 아는(실제로 만난 적은 없던) 분들 집에서 하룻밤을 보냈다. 전쟁이 시작된 이후 처음으로 안전하게 느껴져 두려움에 벌떡벌떡 깨지 않고 잠을 잤다.

리보프에서 우리 가족 넷이서 함께 보낼 수 있도록 주어진 시간은 단 하루. 그후 난 아이들을 데리고 바르샤바로 떠나야만 했다. 아이들을 위해 그런 결정을 내렸다. 우크라이나에 내려진 계엄령으로 인해 남편은 나라를 떠날 수 없었다.

두번째 이별이었다.

전쟁 9일 만에 그들은 나를 집, 엄마, 그리고 남편으로부터 '해방'◇시켜주었다. 나에게 남은 건 아이들, 강아지, 등뒤의 백팩 하나와 그림 그릴 수 있는 재능뿐이었다.

내 마음속에는 커다란 구멍이 생겼다. 빨려들지 않기 위해 뚜껑으로 막아놓았을 뿐이다.

◇ 러시아 정부는 '우크라이나를 나치즘으로부터 해방시키고 정화'하기 위해 침공했다고 주장한다. 2022년 3월 25일 전쟁이 시작된 지 한 달이 지난 시점까지도 러시아는 공식적으로 '전쟁'이라는 사실을 인정하지 않고 있다.

바르샤바의 머큐어Mercure 호텔은 점차 여자들과 아이로 가득찼다. 호텔 로비에 아이들 놀이방이 만들어졌다. 아마 호텔 역사상 처음 있는 일일 것이다. 아이들이 떠들고 웃는 소리와 곳곳에 어질러진 장난감들.

아침마다 제공되는 맛있는 조식, 새하얀 침구, 아름답고 깨끗한 도시, 커다란 동물원, 빠르고 정확한 대중교통. 잠시 주어진, 절대로 익숙해져서는 안 되는 동화였다.

미래는 막막했고, 마음은 너무나 지쳐 있었고 근심 가득했다. 잠시 쉬면서 앞으로의 계획을 세워야만 했다.

불가리아에 임시숙소를 제안받았다. 내 그림 블로그를 사랑해주던 팔로어들이 초대해주었다. 나는 그 제안을 받아들인 채 또 한번 알 수 없는 미래를 향해 발을 내딛었다. 여러모로 낯선 도시에서 여자 혼자서 두 아이와 살아남기란 불가능했기 때문이다.

강아지와 함께 이동하기 위한 모든 서류를 어렵게 마련한 이후 우리는 비행기표를 구입하고 3월 16일 불가리아 소피아에 도착했다.

\

지금 나는 불가리아의 소도시에서 지내고 있다. 이곳 사람들은 굉장히 친절하고 우리를 따뜻하게 반겨준다. 가능한 대로 살림을 하고, 가족을 먹여 살리기 위해 그림을 그리고, 매일 강아지와 산책하며 봄을 맞이한다.

그렇지만 매일 밤 난 꿈에서 남편과 내 고향도시를 본다. 잠에서 깨어나면 마음이 찢어지는 듯하다. 핸드폰을 들어 남편에게 메시지를 보낸다. "어떻게 지내?"

남편은 하리코프(하르키우)에 돌아갔다.
도시는 계속해서 폭격당하고 있지만 더이상 지하실에 내려가지 않는다.
남편 또한 마음속 구멍을 어떻게든 메꾸기 위해 적십자에서 자원봉사를 하며, 구호품을 모아 도시에 남은 사람들에게

도움을 주고 있다.

엄마는 할머니 할아버지와 함께 하리코프(하르키우) 근교 도시에서 지내신다. 아직까지는 조용하지만 언제든 '해방군◇'이 들이닥칠 수 있다.

그들 생각에 울면서 기도한다. 마치 내 두 손이 절단되었는데 절단된 손의 통증을 계속 그대로 느끼는 것과 같다.

내가 이 일기를 적는 이유는 **"전쟁 그만!"** 이라고 외치기 위해서다.

전쟁에는 승리자가 없다. 오로지 피, 파산, 그리고 우리 한 사람 한 사람 마음속의 커다란 구멍만 남는다.

나는 먼 길을 왔고, 그 길에서 오로지 선하고 나를 도우려는 사람들만 만났다.

나는 사람을 민족 소속으로 나누지 않는다.

◇ 작가가 우크라이나를 '해방'시키기 위해 침공했다는 러시아군을 비꼬아 지칭한 것이다.

민족이 아닌 행동이 사람을 정의하기 때문이다.
많은 러시아인들도 전쟁을 반대한다는 것을 안다.

나는 이제 정확히 알고 있다. 전쟁이 있고, 사람들은 따로 존재한다는 걸.
전쟁은 사람을 신경쓰지 않는다.

전쟁은 나를 완전히 뒤흔들어놓았다.
지금 나는 국적과 민족을 불문하고 나를 도와주는 이들을 만난다.

이 사람들에게는 '힘'이 있다.
전쟁은 끝날 것이고, 힘센 사람들은 살아남을 것이다.

2022년 4월
올가 그레벤니크

차례

작가의 말 _005

전쟁일기 _019

옮긴이의 말 _133

# 전쟁일기

24.02.2022

#ЯвижуизподВала

2022년 2월 24일

# #1인칭지하시점

---

새벽 5시 30분, 폭파 소리에 잠에서 깨어났다.

나는 뭐라도 하기 위해 짐을 싼다.
그림들을 웹하드에 업로드한다.
작업중이던 새 책의 운명이 걱정된다.

아이들과 우리의 배낭을 쌌다.
아침을 먹었다―먹어야만 하니깐.
메밀죽은 아무 맛도 나지 않는다.

내 그림들을 파일에 넣었다.

하느님,
우리를 지켜주소서.

우리의 아늑한 집은 방공호가 되어버렸다.
창문과 문 위는 온통 십자가들이다.◇

P. S. 추후에 우리는 모든 유리문을 떼어내버렸다.

◇ 폭격시 유리가 터지지 않도록 십자 모양으로 테이핑한 것을 말한다.

우린 모두 지하실에 있다.
폭파 소리가 들릴 때마다 횟수를 세며
어디서 터진 건지 뉴스를 찾아본다.
다음은 어디서 터질지 기다릴 뿐……

25.02.2022.
Ночь в подвале.

2022년 2월 25일

---

조용할 때면 우린 9층 우리집으로 향한다.
빨리 해내야 할 일들이 많다.
쉬고, 음식을 만들고, 짐을 마저 챙겨야 한다.
폭격 소리가 들리면 바로 지하로 뛰어간다.

나는 그림을 그리기로 했다.
다큐멘터리 일기장이 될 것이다.
더이상 두렵지 않다.
받아들인다.
오로지 시간이 있는 동안 뭐라도 빨리 하고, 챙기고, 조금이라도 안전하고 편하게 있을 수 있도록 준비한다.

о сши
успеть
бежши

шпох
наши роудши друш
всем помогающим.
Все боятся грабней, а
не взрывов.
Как долго это будет

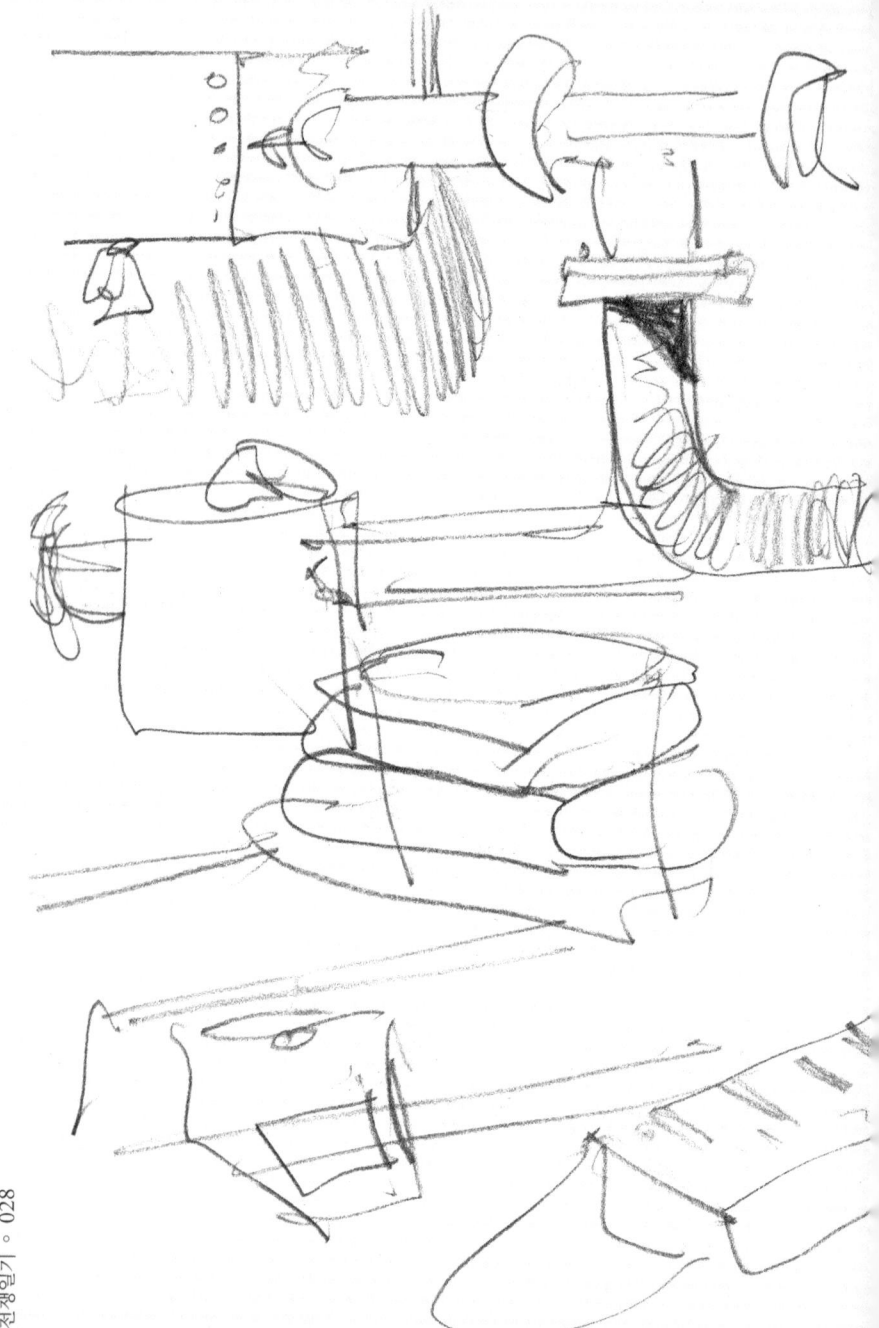

단 하루 만에 사람들은 침대와 추가조명을 마련했다.
곧 이곳에도 '아늑함'이란 단어가 생길 것이다.

2022년 2월 26일

## 소셜네트워크와
## 군사적 전략의 장소

Место социальных контактов и военная стратегия

26.02.2022

## 지하의 아이들

내 아이들은 지하실을 두려워하지 않는다.
여기서 이미 많은 친구들을 사귀었다.

집에서는 투정이 많아진다.
무서우니까 그런다.

딸 베라는 묻는다:
―우리 언제 지하에 내려가?

## 엄마와 강아지 미키

―――

또다시 경보가 울린다.
끝까지 집에서 버티다 지하로 뛰어내려갔다.

이웃 아주머니: ―어디로 뛰어가는 거예요?
―지하실이요.
베라: ―엄마, 저 아줌마 질문 이상해. 어딜 뛰어가냐니?
설마 밖에 나가는 거겠어. 당연히 지하실에 가는 거지. 지하실.

집안에서 두 개의 내력벽 사이에 안전하게 지낼 자리를 마련했다고
일기에 기록하려 했지만……
갑자기 벽이 엄청나게 흔들렸다.
그래서 이 그림은 지하실에서 마무리했다.

> Хотела написать,
> что мы оборудовали
> место между двух
> несущих стен, но
> пока я доп трухнула
> так, что эту
> картинку я дорисов-
> вала в подвале!

Детский подвальный шахматный клуб.
Вера консультант
у соседского мальчика

# 아이들의
# 지하 체스클럽

베라는 옆집 남자아이에게 조언을 받는다.

28.02.22

2022년 2월 27일

## 하리코프 (하르키우, 아침 8시 30분)

중앙광장에서 도보로 15분 거리에 위치한 민간인 동네.
거리에서 총소리가 들린다.
우리집 바로 옆이다.
유리창 깨지는 소리가 들린다.
너무 무섭다.

아침식사는 지하실에서 마무리한다.

2022년 2월 28일

## 식료품에 대하여

---

식료품을 탐색하러 몇 군데를 둘러보았다.
첫번째 가게는 문을 닫았고
두번째 가게 밖 대기줄은 두 시간은 기다려야 할 듯하다.
가게 안에 어떤 물건들이 있을지는 아무도 모른다.

가장 먼저 들어간 사람들은 카트를 한가득 채워서 나온다.
그 사람들이 사재기를 해, 며칠 후 마트에는 비싸고 불필요한 물건 외에 아무것도 남지 않았다.

물과 음료수 자판기는 텅텅 비어 있다.

여기에는 개들이 있다.

28.02.

Ракета прилетели
в соседний дом.
Страх скручивает
внутри живота.

С каждым днем
времени побыть дома
все меньше.

미사일이 옆집에 떨어졌다.
두려움은 아랫배를 쥐어짠다.
날이 갈수록 집에서 보내는 시간이 짧아진다.

2022년 3월 1일

---

시내가 폭격당하고 있다.
미사일이 이바노바 사거리에 떨어졌다.
번화하고 아름다운 나의 도시를 그들은 지구상에서 지우고 있다.

1 Марта.

Бомбят центр. Ракета упала на перекрестке Иванова.

Наш город, процветающий и красивый стирают с лица Земли.

Отчаяние

절
망

## 돈에 대하여

식료품점에서는 현금만 받는다.
은행시스템에 오류가 있다고 한다. (어쩌면 전자화폐와 금융 붕괴를 두려워하는 것인지도 모른다.)

우리는 오랜 시간 문명의 이기에 익숙해져 카드만 사용한 지 오래되었다.
현금은 거의 없다.

돈이 있어도 마땅히 살 수 있는 물건이 없다.
식료품점에는 정말 비싼 스파게티면과 향신료 정도밖에 남지 않았다.

그리하여 모든 금융 인플루언서들이 말해왔던 나의 '비상 자금'은 오늘 온라인 뱅킹 앱에 뜨는 가상 숫자에 불과하게 되어버렸다.

은행 앱의 정보에 따르면 ATM기에서 현금을 뽑을 수 있다고 나오지만, 근처의 은행은 문을 닫았다.
폭격당하고 있는 도시를 가로질러 다른 지점에까지 갈 필요는 없을 듯하다.

매일 밤 11시가 되면 윙— 소리와 함께 전투기들이 날아다니기 시작한다.
마치 활주로에 서 있는 듯 소리는 가깝게 들렸다.

5분 후 어디선가 폭발하는 소리가 들린다.
이건 제비뽑기, 아니 러시안룰렛이다.
오늘 넌 타깃이 되지 않았어. 이제 내일까지 꼭 살아남아.

공습이 끝날 때까지 나는 잠자리에 들지 않는다.

## 빵에 대하여

우리에게는 빵 반 덩어리가 남았다.
엄마가 첫날 겨우 구해온 거다.

원래 우리 베로치카°는 습관적으로 빵을 남겼다.
보통 우리는 그 빵조각을 박스에 보관해두었다가 마른 빵이 모이면 집 근처 청소년 자연연구소에 사는 동물들에게 전달하곤 했다.
그런데 지금은 그 마른 빵을 꽤나 유용하게 먹고 있다. 심지어 치즈 맛도 있다.

오늘 세료자°°는 밀가루와 물로 전을 구웠다.

◇   딸 베라의 애칭.
◇◇  남편 세르게이의 애칭.

베라: ―엄마, 나는 초콜릿을 오래도록 아껴 먹을 수 있어. 볼 안쪽에 붙여두었어.

우리집, 우리 마당, 우리 거리는 군대의 사격장이 되어버렸다.

Мой дом,
мой двор,
моя улица
превратились в
полигон армии

미키

모든 하리코프(하르키우) 시민들은 지하실에 처박혀
그들이 우리의 도시를 무너뜨리는 광경을 핸드폰으로 지켜보고 있다.

우리가 수년간 가꾼 도시이다.
공원들, 동물원, 집들, 그리고 길들.
아무것도 남지 않을 것이다……

Сейчас все харьковчане
сидят в подвале и
смотрят в телефонах,
как разрушают их
город

Мы строили его
все эти годы.
Парки, зоопарк, дома,
дороги.
Ничего этого не осталось

## 지하실 생활에 대하여

새벽 5시 완전한 어둠 속 나는 아파트로 올라간다. 핸드폰 배터리가 나갔다. 모든 전등은 꺼져 있다. 공습을 피하기 위한 위장이다.

전기계량기의 빨강 다이오드만 깜빡거린다.

나는 무섭지 않았다. 아홉 개의 계단을 오른 뒤 옆으로 몸을 틀어 또 한 오르막을 올라간다. 이렇게 열여덟 번을 반복하면, 그러니까 171개의 계단을 다 오르면 우리집에 도착한다.
더이상 바바이카◇가 무섭지 않다.

◇  바바이카는 동유럽 슬라브족의 설화에서 비롯된 것으로, 밤에 부모가 아이를 겁주어 얌전히 재우려고 침대 밑 어두운 곳에 숨어 사는 괴물 이야기를 들려주면서 구전되었다. 러시아어권에서 바바이카는 어릴 적 막연히 두려워했던 정체 모를 대상을 지칭한다.

시간은 마치 키셀◇처럼 늘어진다.

지하 생활 6일 만에 우린 바퀴벌레가 되어버렸다.

아무 소리도 내지 않는다. 폭파 소리에 귀기울여야 하기 때문이다.

모든 개구멍을 파악하고 있다가, 곧장 기어들어간다.

음식은 가루 한 톨까지 다 먹어치운다.

◇ 구소련 국가들에서 다양한 베리를 끓여서 젤리같이 늘어지게 만든 디저트 음료.

Время тянется как кисель

За шесть дней подвала ты превращаешься в таракана

Не шумишь, потому что прислушиваешься к взрывам

Знаешь все щели, и заползаешь в них, как только..

Доедаешь все крошки.

1 марта 2022

2022년 3월 2일

이 장면은 내 기억 속에 영원히 남을 것이다.
베라가 폭격의 충격파로부터 도망친다.

우리는 아파트 단지 계단에서 바람을 쐬고 있었다. 그 밖으로는 나가면 안 되니깐.
베라는 아기 고양이를 구경하러 울타리 사이로 빠져나갔다.
그때 폭격이 시작됐다.
엄마.
베라는 울타리를 둘러올 생각을 못 하고 다시 울타리 사이로 오려고 했다.
하느님 감사합니다! 천만다행으로 울타리에 끼이지 않았다.

그날 나는 더는 지하실 밖으로 나가지 않았다.

아이들의 대화를 엿들었다.

―전쟁이 끝나면 핸드폰부터 살 거야?
베라: ―넌 어떻게 생각해? 전쟁중에도 내 새닐◇은 있을까?

베라의 생일은 7월 19일이다.

◇  '생일'을 어린아이의 발음 그대로 적었다.

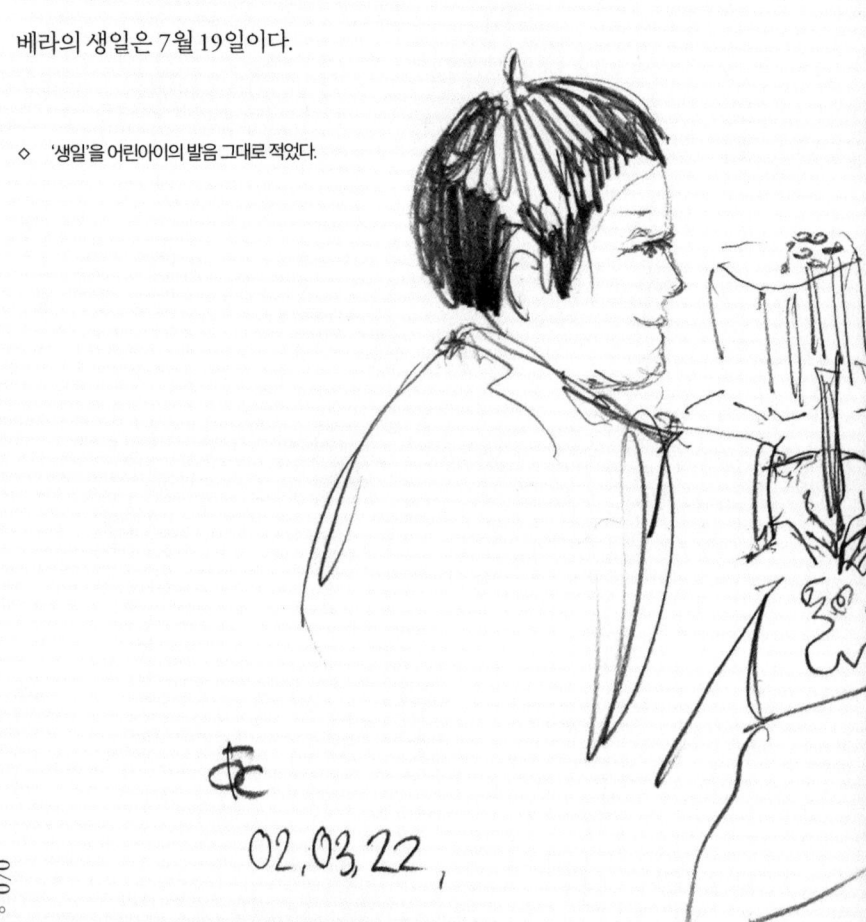

02,03,22,

— Так после войны думаешь
себе теперь от
— То думаешь на войне
у Иисуса Христа есть
рождение? (Вера)

지하실에 분필을 가져왔다.
이제 이곳에도 거의 암벽화라 할 만한 것이 생겼다.
아이들은 폭격 소리를 들으며 '평화'라고 적는다.

2022년 3월 3일

9시까지 푹 잤다!
문으로 만든 새 침대는 예전 침대보다 훨씬 편하고 높다.
(플라스틱 팔레트로 만들었던 예전 침대는 구멍이 숭숭 뚫려 있고 낮아서 불편했다. 새 침대를 만들었을 때 정말 기뻤고, 지하실에 내려온 이후 처음으로 푹 잤다.)
다리를 쭉 뻗고 자면 혈액순환이 잘 되어 얼지 않는다.
샤워를 하고, 머리를 감고, Dior 향수를 뿌렸다.
마음은 파티를 간절히 원한다.
이따금 총소리가 들린다.
우리 모두 이제 곧 다 끝나길 희망한다.
나는 이 희망 하나로 살고 있다.
이 생각을 붙잡고 있다.
하리코프(하르키우)에 남은 지인들이 있다.
그 사실을 머릿속에서 붙잡고 있다.

우리 도시는 텅 비었고 무너져버렸다.
개새끼들.

아침식사는 집에서 했다.
그리고 다시 지하실로 향했다.

03.03.22

아이들과 놀아주는 건 가면 갈수록 어려워진다.
지하 생활 초기에는 새로운 만남들이 열광을 가져다주었다면,
이제는 그저 일상이 되어버렸다.
강아지는 우리와 함께 있다.

지하실에는 임신부도 몇 명 있다.
도시의 여러 지역들이 폭격당할 때 그녀들은 안간힘을 다해 걱정을 누른다.

페자

지하실에 임신부들이 있다.

처음에는 4명이었는데, 지금은 2명만 남고 2명은 떠났다.

곧 출산일이다.

03.03.2022

전쟁 첫날부터 엘리베이터가 작동하지 않았다.

사이렌이 울릴 때마다 지하로 내려가야 하고,
조용해지면 다시 집으로 돌아가야 한다.

아무리 거동이 가능한 어르신이라도
계단을 오르락내리락하는 건 여간 힘든 일이 아니다.
무리한 활동으로 인해 혈압이 오르고 많이 힘들어하시지만
걸으셔야만 했다.

그런데 우리 할아버지 할머니는 걷기조차 못하신다······

Пожилые люди, те кто могут ходить, нахаживают за день гипертонию.

자원봉사자들이 지하실의 아이들에게

'작은 케이크 한 조각을
어떻게 먹어야
최대한의 쾌락을
느낄 수 있는지'

설명한다.

내 아이들의 신분이
'지하실의 아이'라는 게 믿기지 않는다.

03.03.22.

## 지하실에서의 점심식사

아직까지 고기가 남아 있다!
아이들에게 하루에 초콜릿 한 개 혹은 반 개씩 주고 있다.
만약의 경우에 대비해 초콜릿 3개를 비상식량으로 남겨두었다.
부디 그전에 모든 게 끝나길.

### #나는폭탄으로부터도망친다

전쟁 8일째 밤 이후 나는 도망가기로 결심했다.
누구와 그리고 어디로 떠날지도 정하지 않은 채.
그냥 핸드폰을 들고 택시를 알아보기 시작했다.

대학 동기들이 도와주었다. 실제로 운영되고 있는 택시 연락처를
주었다.
전화를 걸어보니, 택시기사는 나우치카◇에 있다고 했다.
―10분 후 도착 예정입니다.

내 인생 35년을 모두 버리는 데 고작 10분밖에 주어지지 않았다.
엄마를, 집을 두고서.
내 아이들을 위해.

◇ 하리코프의 '나우츠나야' 지하철역 줄임말.

20분 후 우리는 기차역에 도착했다.

우리는 서서 가게 되는 상황에 대비해 아이들의 배낭을 버렸다.

그 순간을 스케치하지 못해서 기억을 더듬어 그려본다.

우리는 인파를 피해 지하도를 통해 플랫폼에 도착했다.

첫번째 열차는 이미 가득차 있었다.

두번째는 비어 있었다.

우리는 바로 그 열차 쪽으로 달려갔다.

―어디로 가는 기차입니까?

―서쪽으로.

정확히 어디로 가는지 알지 못한 채 우리는 기차 안으로 뛰어들었다.

열차에서 나는 머리를 풀었다.

Dior 향수 냄새가 났다.

내 이전 삶에서 남은 유일한 것이었다.

## 피난열차

열차는 이 세상의 모든 눈물로 가득하다.

여자들과 아이들.

기차가 멈출 때마다 여자들과 아이들은 더 많아졌다.

여자들은 저마다 방금 전까지 남편과 함께 있었고, 이제 혼자가 되었다.

아이들은 울고 있다.

엄마는 눈물을 삼키며 아이를 달랜다.

아빠가 다음 기차로 따라올 거라고.

못 올 텐데……

아이들은 모두 자기 장난감을 소중하게 감싸안는다.

집으로 전화를 걸어본다.

집에 남은 가족들에 대한 걱정과 눈물 섞인 말들.

정말 많은 눈물들.

"Я сначала расстроилась, плакала, но мама сказала, что о папа нас догонит!"

―첨엔 난 슬퍼서 울었지만,
엄마가 "아빠 곧 따라올 거야"라고 했어!

Одна мама
все время писала
что-то в блокнот.

한 엄마가 공책에 무언가를 계속 쓰고 있었다.
살짝 엿보았다.
이름과 전화번호 리스트들이었다.
그 종이들을 뜯어 그녀는 자기 아이들의 옷 주머니
마다 쑤셔넣었다.
혹시나 헤어지게 될까봐.

Это были списки
имен и контактов.
Потом эти
листки она
распихивала по
карманам детей.
Вдруг те потеряются

전쟁 첫째 날 내 아이들의 팔에 이름, 생년월일, 그리고 내 전화번호를 적어두었다.
아이들뿐만 아니라, 내 팔에도 적었다.
혹시나 사망 후 식별을 위해서.
무서운 사실이지만 그 생각으로 미리 적어두었다.

У моих детей
тоже с самого
первого дня
на руках были
написаны имена,
дни рождения
и мой телефон

Да чего уж там.
Себе я тоже написала.
На случай опознания.
Это страшно, но я
так думала.

베라 야로셴코

2017. 7. 19

066820

리보프(르비우) 기차역에서의 스케치.

거동이 불편한 분들의 피난.

Львов.
Картинки с вокзала.
Эвакуация неходячих.

우리가 지옥에서 탈출한 것은 기적이다.
우리가 지나온 후 이르펜(이르핀) 지역에서 철도가 폭발했다.◇

우리는 폭격을 피해 알 수 없는 미래를 향해 도망쳤다. 서서 갈 것을 감안해 아이들의 짐가방마저 버린 채. 앞으로 우리에게 어떤 일들이 벌어질까. 나는 알 수 없다……

◇ 3월 5일 키예프(키이우)주에 속한 도시 이르펜 부근 철도가 러시아군의 공격으로 폭발해 철도를 통한 피난이 불가능해졌다.

## 리보프(르비우)

이별의 도시.
남편과 작별인사를 나눠야 하는 지점.

남편은 국경을 넘지 못했다. 남자들은 나라 밖으로 나갈 수 없다.

우리는 마지막 하루를 함께 보내기로 했다.
도시를 걸으며 산책했다.
마지막으로 식당에 갔지만, 한입도 삼킬 수가 없었다.
식당의 어두침침한 분위기는 우리가 8일을 보낸 지하실 분위기 같아서 마음이 무거웠다.

우리는 마지막 사진조차 남기지 못했다.
혹시나 '파괴공작원'으로 오인될 수 있어서, 사진 촬영을 금지하고 있었다.

그래서 우리의 마지막 산책은 그림으로만,
그리고 내 머릿속에서만 간직하고 있다.

да вернешься.
Потому маму
последнюю
прогулку
мау столько
рисовать
или
держать
в своей
голове

도시는 텅 비어 있었다.

2022년 3월 5일

## 리보프(르비우)

---

남편은 우리를 버스에 태웠다.
그는 더이상 우리와 함께 갈 수 없다.

나는 눈물을 참을 수가 없었고, 남편은 온 힘을 다해 우리를 격려해주었다.
세료자는 'Love is' 껌을 손에 쥐여주었고, 우리는 다음에 다시 만날 때 껌을 같이 까먹자고 서로에게 약속했다.

버스가 출발했다.
그리고 남편의 모습은 점점 더 작아졌다.

2022년 3월 6일

---

다음날 새벽 5시 우리는 바르샤바 시내에 위치한 Mercure 호텔에 도착했다.

지하실에서 특급 호텔로 옮겨진 느낌은 차마 말로 표현할 수가 없다. 새하얀 침구가 깔린 침대에 어떻게 다가가야 할지 모르겠더라.

결국 겉옷만 벗은 채 쓰러져 잠들었다.

Отель „Меркурий"
превратился в
большую детскую
комнату

Mercure 호텔은 커다란 놀이터로 변신했다.

―베라, 저 멋진 빌딩 꼭대기층에서 일하고 싶지 않니?
―아니. 난 아직 너무 어려.
―그럼 그냥 가보고 싶지는 않아?
―만약 먹을 것과 마실 것이 충분하다면 가고 싶어. 아마 저곳에서는 충분히 안전하게 지낼 수 있을 거야. 그게 아니라면 가고 싶지 않아.

― Вера, хотела бы работать в таком офисе на последнем этаже?
― Нет, я ещё маленькая
― Ну а просто быть там?
― Если будет запас питья и еды, то да. Там можно продержаться. А так нет.

2022년 3월 11일 바르샤바

폴란드에서 30년째 살고 있는 러시아 여자가 표 끊는 걸 도와줬다. 홈페이지상에서 강아지 동반 표 예매가 안 되어서 전화로 예약해야만 했다.

그녀는 폴란드에서 러시아어를 가르친다.
전쟁이 터진 이후 여러 친구가 그녀에게서 등을 돌렸다.

이건 옳지 않아.
사람은 '민족 소속'이 아닌데.

어제 난 그녀의 얼굴에서 '수호천사'를 보았다.

2022년 3월 12일

___

엄마와의 통화……는 이렇게밖에 할 수 없다.
엄마는 우크라이나에 남기로 했다.

엄마는 하리코프(하르키우)에 외삼촌과
거동이 불편하신 할아버지 할머니와 함께 남았다.

도심 밖 시골로 피했지만, 엄마가 있는 시골 동네에
총성이 점점 가깝게 들려온다고 한다.
가족들은 가만히 기다릴 뿐.

그리고 난 할 수 있는 게 아무것도 없다.
그저 '다 괜찮을 거야'라고 말할 뿐.

Центр помощи беженцам

До войны я регулярно
сдавала одежду
в красный крест.

## 난민 지원센터

전쟁이 시작되기 전 나는 정기적으로 적십자에 옷을 기부했다.
그리고 지금 나는 그 후원을 받고 있다.

가장 급한 것은 난민숙소에서 함께 지내는 아기를 위한 유모차.
그리고 강아지를 태울 비행기용 케이지.

모든 물건은 무료이지만, 도움을 받아야만, 구걸해야만 생계를 유지할 수 있는 난민 신분이 되었다는 것이 서글프다.

В Рем этом

Нам с Дашей нужна
была коляска.
Я нашла домик для
собаки, тапочки, шоколадки
Вроде все бесплатно,
а брать совсем
неприятно.

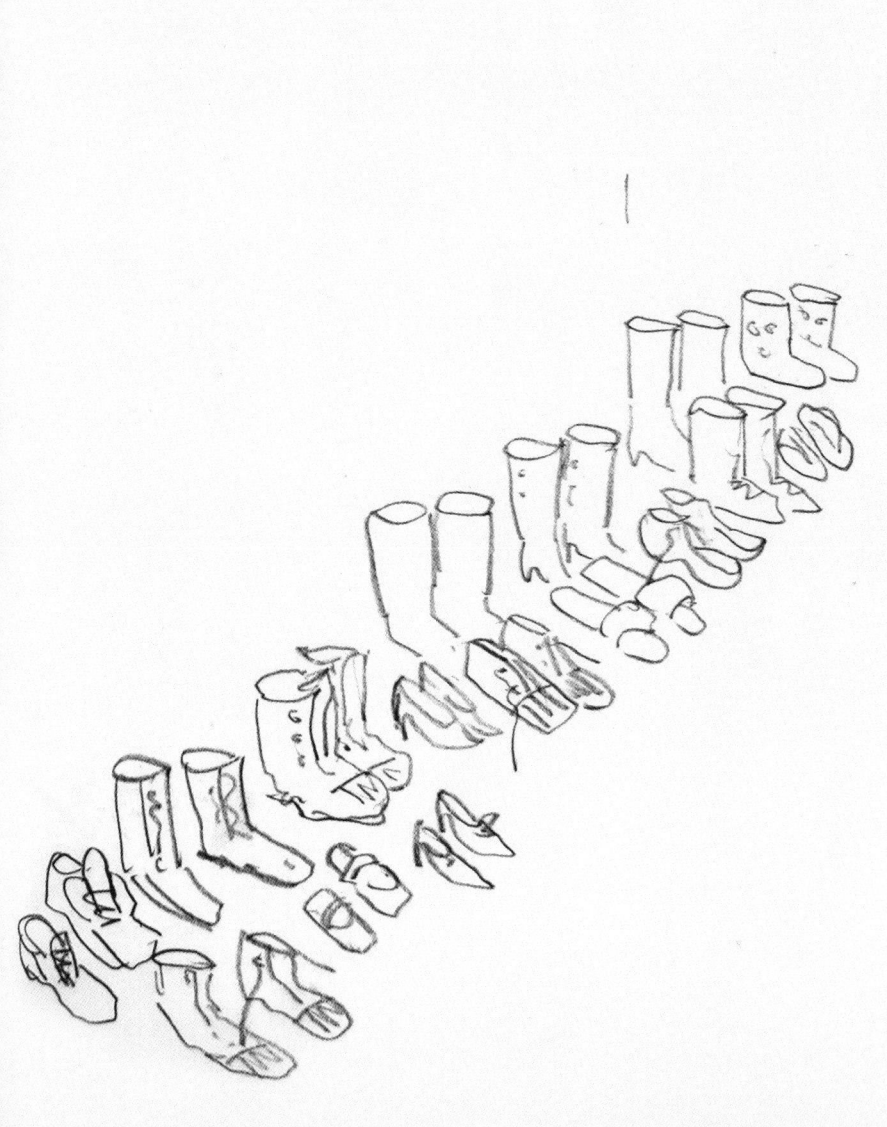

공항 짐 검사 도중 모든 겉옷과 신발을 벗었다.
심지어 미키의 목줄까지 벗겨야만 했다.
짐들이 길게 늘어서 있었다.

На досмотре нужно было снять всю верхнюю одежду, обувь и даже ошейник с Мики. И потянулась длинная вереница наших вещей.

우리가 마지막 순번으로 비행기를 탔기 때문에 짐칸에 우리 가방을 넣을 자리가 남아 있지 않았다.
스튜어디스는 우리 짐 몇 개를 어딘가로 가져갔다.
나는 겉옷과 배낭 위에 걸터앉았다.
그런데 이런 건 하나도 중요하지 않아.

가장 중요한 것은 내 안에 있다.
내 안에는 알 수 없는 것들에 대한 두려움이 있었다.

나는 이미 선택했고, 이젠 그 선택을 따를 수밖에 없었다.

엉엉 울고 싶었지만, 바로 곁에 내 아이들이 있었다.

Вид и моего окна.
Здесь чудесно.

창문 밖 풍경.
이곳은 경이롭다.

### 옮긴이의 말

『전쟁일기』를 읽다보면 이런 장면이 나옵니다.

작가님이 10분 만에 모든 지난 삶을 정리하고, 집, 나라, 그리고 어머니를 두고 떠나는 장면.

계엄령 때문에 국경을 넘지 못하는 남편과도 이별합니다. 자신의 어린 두 아이를 살리기 위해 그런 선택을 해야만 했습니다.

만약 내가 내 아이를 구하기 위해 세상에서 가장 사랑하는 내 엄마와 남편을 전쟁터에 버리고 떠나야 한다면 어떤 마음일까요? 상상만 해도 마음이 무너져내립니다. 도대체 사람이 왜 그런 무서운 결정을 내려야만 하는 걸까요?

올가 작가님이 지하실에서 8일을 보내며 피난 과정에서

겪었던 공포와 아픔들. 그리고 지금 낯선 땅에서 곁에 있는 아이들을 위해 눈물을 꾹 참고 씩씩하게 살아내야만 하는 상황. 이것은 수백만 평범한 우크라이나 여성들의 이야기입니다. 나와 똑같이 소소한 삶을 살며 크고 작은 기쁨과 걱정을 끌어안고 꿈과 계획들을 갖고 살았던 평범한 사람들. 하루아침에 그들의 계획과 꿈은 무너져버렸고, 사랑하는 이들과 헤어져 매일 생명의 위협을 느끼며 보내고 있습니다. 피난을 무사히 가더라도, 낯선 나라에서 터전을 세워야 하고 우크라이나에 남겨진 사랑하는 이들에 대한 걱정으로 가득하죠.

한국에서 뉴스로 보는 우크라이나 전쟁은 정말 안타깝고 가슴 아픈 일이지만, 많은 분들께 너무나 멀게 느껴질 겁니다. 그럴 수밖에 없죠.

책을 번역하면서 소망해봅니다. 부디 이 책을 보시는 독자분들이 잠시라도 일기 속 작은 사람의 고통을 더이상 '어딘가 먼 곳'이 아닌 '지금 여기'의 고통으로 느끼시기를 바랍니다. '먼 곳'에서 전쟁을 겪고 있는 사람들은 내가 사랑하는 이들과 똑같은 지극히 작고 평범한 사람들이라는 것을 부디 인지해주시기 바랍니다.

제가 존경하는 한 러시아 기자님이 이야기했습니다. 전쟁이 일어난 이 무서운 상황들 속에서 작은 한 사람의 어떠한 재능이나 노력으로라도 반드시 서로를 도와주어야 한다고. 제 마음이 부디 작은 보탬이라도 되기를 기도합니다.

　올가 그레벤니크 작가님은 지옥 같은 상황 속에서도 너무나 중요한 기록들을 글과 그림으로 남겨주셨습니다. '전쟁'과 '사람' 개인을 구별해내는 작가님의 지혜로운 마음에 고개 숙여 감사합니다. 하루빨리 올가 작가님의 가족들이 다시 만날 수 있기를 기도합니다.

　끝으로 많은 러시아인들이 전쟁을 반대한다는 것을 부디 알아주셨으면 합니다. 자신의 안전과 러시아에서의 안정적인 생활을 걸면서까지 계속해서 반전反戰의 목소리를 내고 있습니다. 그들은 자유와 목소리를 잃었지만, 모든 것을 빼앗기더라도 마음속에 있는 가치관은 그 무엇도, 어느 누구도 빼앗을 수 없습니다.

2022년 4월
정소은

옮긴이 **정소은**

러시아 문화 전문가이자 주로 글을 쓰고 통번역 일을 한다. 우크라이나 전쟁의 종식과 평화를 간절히 바라는 마음으로 이 책의 번역에 참여했다.

## 전쟁일기 — 우크라이나의 눈물

1판 1쇄 2022년 4월 14일
1판 6쇄 2023년 4월 14일
2판 1쇄 2025년 5월 2일

지은이 올가 그레벤니크
지은이 정소은

기획·책임편집 이연실  편집 염현숙
디자인 신선아
마케팅 김도윤 최민경
브랜딩 함유지 박민재 이송이 김희숙 박다솔 조다현 김하연 이준희 복다은
저작권 박지영 주은수 오서영
제작 강신은 김동욱 이순호  제작처 영신사

펴낸곳 (주)이야기장수
펴낸이 이연실
출판등록 2024년 4월 9일 제2024-000061호
주소 10881 경기도 파주시 회동길 455-3 3층
문의전화 031) 8071-8681(마케팅) 031) 8071-8684(편집)
팩스 031) 955-8855
전자우편 pro@munhak.com
인스타그램 @promunhak

ISBN 979-11-94184-19-5  03890

* 이야기장수는 (주)문학동네의 계열사입니다.
* 이 책의 판권은 지은이와 이야기장수에 있습니다.
  책 내용의 전부 또는 일부를 재사용하려면 반드시 양측의 서면 동의를 받아야 합니다.
* 잘못된 책은 구입하신 서점에서 교환해드립니다.
  기타 교환 문의: 031) 955-2661, 3580